Género Ficción

Pregunta esencial

¿Qué te hace reír?

I0794895

En busca del tesoro

Beatriz Abelleira
ilustrado por Julissa Mora

Capítulo 1

El jardín de la abuela

Todos los domingos, Erwin va de visita a la casa de su abuela. En el inmenso jardín, que se extiende alrededor de la casa, hay árboles de varias especies.

Erwin adora recorrerlo e inventarse cuentos de aventuras. Ese lugar despierta su entusiasmo de niño inquieto y se mueve entre las plantas como pez en el agua. Cuando atraviesa el cerco, le parece entrar en otra dimensión.

Su padre lo pasa a buscar a la hora de la cena, por eso Erwin se queda dormido en el camino de regreso a su casa.

En cada visita, su abuela lo sorprende con una propuesta nueva.

Hoy, Erwin invitó a cinco de sus amigos: Mary, Tommy, Boby, Camila y Amy. Todos llegaron muy ansiosos. Antes de que su abuela pudiera hacer la propuesta del día, Erwin llevó a sus amigos a conocer el jardín.

—¡Vengan conmigo! Les mostraré mi árbol preferido. ¿Ven el árbol? Es aquel en el que suben y bajan las ardillas —les dijo Erwin.

—¡Niños, vengan aquí un momento! —dijo la abuela sentada en su mecedora, con los anteojos colgando de la punta de la nariz—. Les quiero contar algo. Tengo una sorpresa.

Erwin y sus amigos no la escucharon. Entre bromas y risotadas, hicieron una ronda alrededor del tronco del antiguo roble. Las palabras de la abuela se perdieron en el viento.

—De tal palo, tal astilla —dijo la abuela sonriendo—. Su padre era igual. Cuando venían sus amigos, siempre hacía travesuras.

El roble que está en el centro del jardín fue plantado hace muchísimos años. Los pájaros han construido sus nidos en las ramas fuertes. El tronco es ancho y su madera es muy valiosa.

Muchas veces, Erwin y su padre se sentaban allí para conversar. Hace muchos años, su abuelo construyó dentro del tronco una casita. La llamaban "la casita secreta" porque no se veía a simple vista.

—¿No oyen que los estoy llamando? —dijo en voz más alta la abuela—. ¡Vengan a comer algo!

Jugo de
Naranja

Los cinco niños, por fin, escucharon el llamado de la abuela.

En la galería de la casa, había una mesa servida con todo lo que les gustaba comer y beber: una cesta con frutas, un plato con aceitunas y quesos y una botella grande con jugo de naranja.

—¡Gracias por invitarnos, Erwin! —dijo Mary risueña—. ¡Estamos disfrutando de un día espectacular!

—Y todavía no les hablé de lo mejor —dijo la abuela—. ¿Conocen un juego que se llama "la búsqueda del tesoro"?

—Sí —dijo Tommy—. Yo jugué una vez. Fue en la escuela donde trabaja mi mamá.

Tommy se ofreció para guiar a sus compañeros paso a paso.

Detective del lenguaje	**La oración subrayada en esta página, ¿es interrogativa o exclamativa? ¿Cómo te das cuenta?**

—¿Nos prestarías algunos de tus disfraces para nuestra búsqueda, abuela? —se animó a preguntar Erwin.

—Por supuesto —dijo ella—. Los guardé para esta oportunidad. ¡Acompáñenme!

Feliz, la abuela, los llevó al ático. Allí, abrió un baúl viejo. Como por arte de magia, aparecieron sombreros de exploradores, cinturones, botas, mochilas, cantimploras y una vieja chancleta suelta. Abierto, sobre una cama, esperaba un mapa con los lugares por los que los niños podrían comenzar a buscar.

Capítulo 2

Siguiendo el mapa

Los seis exploradores lucieron sus disfraces e hicieron monadas frente al espejo. Camila y Amy se habían puesto los cascos al revés, pero Mary se dio cuenta enseguida y ayudó a sus amigas.

El mapa tenía en el centro un círculo dibujado en verde y unas cruces. Entonces, Tommy guió al grupo cerca de donde estaba el roble. Erwin imaginó que hallarían una montaña de monedas de chocolate y se relamió, pero solo encontraron caracoles e hileras de hormigas cargando sus provisiones para el invierno.

Luego, todos se alejaron corriendo hacia los canteros del fondo.

La abuela los observaba desde la galería de la casa.

—¡Frío, frío! —les decía para indicarles que estaban lejos del tesoro.

—Lo que van a encontrar los hará crecer alegres y sanos —explicó la abuela.

—¡Danos una ayudita más! —dijo Erwin ansioso.

—Muchas manos han trabajado para que eso llegue a ser lo que es —continuó misteriosa la abuela—. La tierra también participó en la tarea. Las máquinas le han dado su forma y han hecho posible que llegue a todos.

Parecía una adivinanza y los niños no lograban descubrir de qué se trataba.

Los niños fueron recogiendo flores del jardín y armaron sus ramilletes, con los que la abuela podría adornar toda la casa. También encontraron piedras lisas para hacer patitos en el agua. Tenían el tamaño exacto para deslizarse sobre la superficie.

Todos caminaron y caminaron por el jardín, pero no encontraron el dichoso tesoro. Cansados, se sentaron a la sombra del roble y tomaron agua de sus cantimploras.

—¡Caliente, caliente! —dijo la abuela alertando al grupo.

—¿Estamos cerca? —preguntaron todos.

—¡Es por aquí! —exclamó Tommy.

Observaron detenidamente el tronco del árbol en busca de algún escondite. Volvieron su atención al antiguo roble. Lo miraron de arriba abajo; pero nada aparecía aún.

Capítulo 3

El tesoro

Era el atardecer y el padre de Erwin había llegado. Observó de lejos al grupo de exploradores.

—¿Quién se anima a buscar en la casita secreta? —preguntó el papá de Erwin.

—¡No se me había ocurrido esa idea! —respondió feliz Erwin.

—¡Qué bueno! ¡Vamos a conocerla! —dijo Mary.

El papá de Erwin les iba a mostrar cómo entrar a la casita secreta. Entonces, tanteó la superficie del tronco y halló una grieta.

Sus dedos presionaron y el tronco se abrió como una puerta. El corazón de todos latía con fuerza.

El interior de la casita secreta estaba oscuro, pero el papá de Erwin tenía una linterna.

Al principio, no vieron nada que les llamara la atención.

Cuando sus ojos se acostumbraron a la escasa iluminación, reconocieron un paquete envuelto en papel brillante.

Finalmente lograron abrirlo y develaron el misterio. Allí estaba el ansiado tesoro.

—¡Es un paquete de spaguettis! —dijo riendo Erwin.

Detective del lenguaje	**En la oración subrayada en esta página, ¿cuál es el adverbio?**

La abuela ya había puesto el agua a hervir y estaba calentando la salsa. Los niños estarían felices y hambrientos luego de haber hecho tanto ejercicio. El papá de Erwin fue el primero en llegar y ayudó a preparar la mesa.

Todo estaba listo cuando los niños llegaron.

—¡Nunca vamos a olvidar este día! ¡Gracias! —dijo a coro el grupo de exploradores.

Por supuesto, todos necesitaban un buen baño. Pero los spaguettis no podían esperar.

Respuesta a la lectura

Resumir

Usa detalles para resumir los sucesos importantes de *En busca del tesoro*. El organizador gráfico te servirá de ayuda.

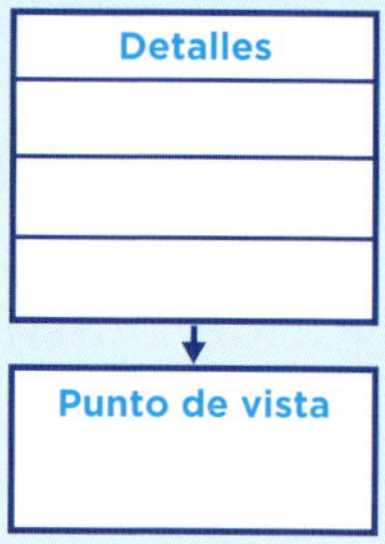

Evidencia en el texto

1. El cuento *En busca del tesoro*, ¿es de ficción o de no ficción? ¿Qué detalles te dicen esto? **GÉNERO**

2. ¿Qué le gusta hacer a Erwin? Vuelve a leer la página 2 para buscar pistas. **PUNTO DE VISTA**

3. ¿Qué significa *de tal palo, tal astilla* en la página 4? **MODISMOS**

4. ¿Cómo se sentía Erwin mientras buscaban el tesoro? Usa detalles del texto para responder. **ESCRIBIR SOBRE LA LECTURA**

Género **Poesía**

Compara los textos

Lee sobre cómo se divertían Juanito y su abuela.

Era que se era

(fragmento)

María de la Luz Uribe

Era-érase que se era
Juani-Juanito y su abuela.
Comi-comían en plato
hierbi-hierbitas del campo.

Juga-jugaban de día
co-con madera en astillas.
Dormi-dormían de noche
so-sobre el techo de un coche.

Y así, Juanito y su abuela
pasaban la vida entera.
Juga-jugando, saltando
comi-comiendo y cantando.

Y mu-mucho se reían
de todo lo que veían:
Ni-ni-niños con carteras,
ma-ma-madres con sus cuentas.

Y ja-ja-ja se reían
de no-noche y di-día.

Haz conexiones

¿Te hace reír el poema *Era que se era*?
PREGUNTA ESENCIAL

¿Por qué el cuento *En busca del tesoro* y el poema *Era que se era* te hacen reír? **EL TEXTO Y OTROS TEXTOS**

Enfoque: Elementos literarios

Rima En la poesía, el lenguaje tiene ritmo. También puede tener rima, pero no es obligatorio. Hay rima cuando las palabras de diferentes versos terminan con los mismos sonidos, como *noche* y *coche* en la página 18. Un poema narrativo cuenta una historia. Algunos poemas están escritos en grupos de versos, que se llaman estrofas.

Lee y descubre *Era que se era* es un poema narrativo con versos que riman. El poema también tiene ritmo. Descubre las rimas que hay en el poema. Léelo en voz alta para escuchar las rimas y el ritmo con claridad.

Tu turno

Escribe tu propio poema narrativo. Puedes escribirlo con rima o versos libres, es decir, sin que las palabras rimen. Recuerda que un poema narrativo cuenta una historia.